무지렁이 기도

류근홍 시집

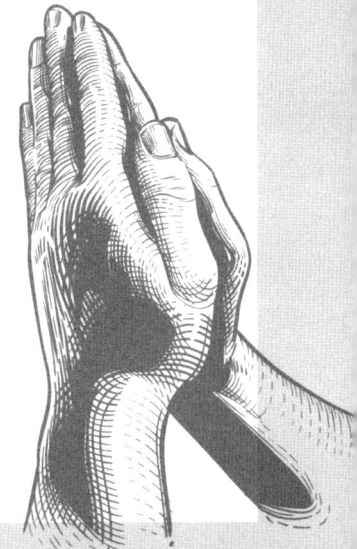

쿰란출판사

무지렁이 기도

머리말

세상과 타협하며

두 마음을 품고 살았던 무지렁이

아직도 다 내려놓지 못한

욕심에 걸려

귀가 피에 젖는다

육신의 생각은 사망이요

영의 생각은 생명과 평안이기에

사도 바울처럼 나도

날마다 십자가에 못 박혔나니

나는 죽고 오직 내 안에

그리스도께서만 사시는 것이라

2025년 1월

류근홍

목차

머리말 _ 4

제1부

눈물 많은 사람이 되고 싶다 12 / 칼로 물 베기 13

관계 14 / 사랑이 식다 16 / 종이 아닌 왕 노릇 18

두 얼굴 20 / 믿음 21 / 알 수 없는 곳 23

마른 장미꽃이 꽂힌 풍경 24 / 값없이 주는 것 26

청평호반에 붉은 단풍 28 / 허물 30

사랑의 자국 32 / 어찌 찬양하지 않으랴 34

참된 기쁨 36 / 신앙 38 / 하늘과 땅 40

갑과 을 42

제2부

구유의 비밀 46 / 욥의 믿음을 보며 47

다시는 고드름처럼 49 / 음지의 습관 50

뒤죽박죽 51 / 최고의 선물 53 / 당신 세상 54

무지렁이의 기도 56 / 얼마나 더 죽어야 58

폼페이 세상 60 / 단비 61 / 기도하는 밤 62

내 안에 그분이 64 / 꽃들의 시간 66

속절없는 꿈 67 / 흔들림에 대하여 69

사랑이라는 힘 71

제3부

습관을 버리다 74 / 탐욕의 끝 75

동전의 이면 77 / 똑같은 짓 79

잡초와 겨루기 81 / 나이를 먹으면 82

포도나무와 가지 84 / 바리새인과 세리 86

삭개오야 88 / 화사한 봄날 90

손안에 갇히다 92 / 사랑의 조건 94

입만 뻐끔거리는 96 / 마사지 샵에서 98

그대가 없으면 나도 없다 100 / 그때 102

오늘의 기도 103

제4부

믿음의 관계 106 / 해줄 수 없는 것 108 / 공원의 연못 110

진정한 용서 112 / 어둠에 갇힌 달 114 / 어떤 처방 116

어느 눈먼 이의 믿음 118 / 살아 있기에 120

꽃피는 봄은 알고 있을까 122 / 죽음의 문턱에서 124

고난이 없었다면 126 / 그분이 오는 소리 128

나의 뒷덜미 130 / 아직도 나의 틀에 132 / 여행자 134

고통 너머에 136 / 퇴원하는 날 138 / 세례의 고백 140

해설 _ 144

제1부

눈물 많은 사람이 되고 싶다

이웃이 아파할 때
내 일처럼 울며 기도하는 사람

좋은 일에도
내 일처럼 기뻐 울리라

주님 뜻대로 살기 위해
수시로 울며
날마다 말씀 앞에 무릎을 꿇고

십자가 고통을 생각하며
힘든 일도 이겨내리라

어떻게 해야
범사에 감사하는 사람이 될 수 있을까

아무리 흉내를 내어보지만
등에 진 십자가 무겁다고 투덜거린다
두 눈에는 눈물이 고여 있는데

칼로 물 베기

굳게 믿었던 사람
한 번 다투고 토라지면
그 사이 깊은 강이 흐른다

겉으로는 웃고 있지만
칼자루를 움켜쥔 옹졸한 마음
맑은 강이 순식간에 흙탕물이다

생각만 하면 자꾸 화가 나는데
그 사람이 밉지 않은 것은 왜 그럴까
나 때문에 힘들어할 생각에 잠이 멀다

가족 뒷바라지에 아픈 곳이 많은 당신
오랫동안 쌓아온 신뢰가 무너진 것은
사소한 감정 한 조각이 어긋났기 때문

그 틈 한 장으로
들이친 찬바람에 뼈가 시리다
사랑이 없어서 그런 것은 아닌데, 분명 아닌데

왜 이렇게 힘들어할까
어차피 한 몸인데

관계

계속 전이되는 암
그 기세에 눌려
죽음의 끝자락을 만졌던 고통의 시간들

병실에 누워 사람과의 관계를 생각했다

태어나서 지금까지
진심을 나눈 사람이 몇이나 될까
대부분 육적인 관계
영적인 교감을 나눈 사람은 몇 없다

인생을 헛살아 온 자책에 빠져있는데,
어느 교회에서 왔을까 복도에서 찬송이 울려 퍼진다

나 같은 죄인 살리신……
나를 향한 노랫소리에 눈물이 흐른다

네 가지 암, 여섯 번의 수술
하나님은 내면의 깊은 상처까지 아물게 하셨다

그분께 남은 시간을 바친다
오늘이 마지막인 것처럼
사람보다 당신을 바라보며 살겠다고

사랑이 식다

수십 년 교회를 다니며 설교를 듣고
기도와 교제로 사랑을 나눴다

시간이 지날수록
신실한 척 겸손한 척
사랑이 많은 척
기도를 많이 하는 척
성경을 많이 아는 척

나는 하늘보다 세상을 사랑하고 있었다

생각만으로 눈물이 흐르던
그 뜨겁던 첫사랑은 어디로 갔는가
말랑하던 사랑은 바위처럼 굳어
강 같은 평화가 사라졌다

무덤덤한 믿음을 놓고
금식 기도를 하는데
어느 새벽 기도 중에 바리새인처럼
교만으로 가득 찬 내 모습이 보였다
눈물을 흘리며 두 손 들고 외쳤다

하나님이여 불쌍히 여기소서
나는 죄인이로소이다

하늘은 쳐다보지도 못하고
세리처럼 고개 숙여 가슴만 치면서

종이 아닌 왕 노릇

암 수술 후
남은 시간 주님께 모두 드리기로 했다
옛 모습을 다 버리고

주변 사람들에게 하루를 어떻게 보내느냐고 물었더니

한결같이 특별한 일이 없으면
하루가 그날이 그날이라는 것이다
그렇게 무의미한 하루가
너무 안타까워 화가 나는 것은 왜일까

죽음이 어떤 것인지를 알고 난 후
하루하루
매 순간 마지막이라는 생각에
순간을 사랑하며 베풀고 양보하며 살고 있는 것 같았는데

나도 모르게 매사에 급하고
작은 것에도 참지 못하는 버릇이 생겼다

몇 번씩이나 살려주신 은혜를 자꾸만 잊어버리고
주님을 위해 살겠다는 가면을 쓰고
아직도 다 비우지 못하고

종이 아닌 왕 노릇을 하고 있다

두 얼굴

고집과 아집
자신을 높이려는 이기심
말씀에 눈이 어두운 우매함
변화를 두려워하는 겁쟁이
오랜 관습에 젖은 낡은 생각

주님의 말씀에 충격을 받아
한번은 가면을 벗어도 보았다
순간이었고 원 위치다
다들 알고 있으면서 아무 말 하지 않는
비겁한 사람들

말로만 풍성한 인색한 사랑
예수님 가면을 쓰고 웃는 저 사람도 저렇게 될까
나 두렵고 무서워
오늘도 새벽에 주님 앞에 나아가
무릎을 꿇고 가면을 벗는다

믿음

눈을 뜨는 순간
아침이 머리맡에 와 있다

또 하루를 선물로 주신 그분
누군가 그토록 만나고 싶어한 간절한 오늘을
내게 허락하셨다

24시간을 어떻게 쪼개나
나만의 시간으로 쓴다면 하나님이 서운하실 것이다

기도로 아침 인사를 하늘로 올려 보내고
당신에게 또 무엇을 드릴까를 생각한다

이 땅의 삶이 영원할 것 같으나
지나고 보면
이름 없는 무덤에 핀 꽃과 같은 것인데

세상의 거짓들은
겉으로는 잠잠하나 그 속은 시끄럽다

믿음을 지키는 것은
진흙탕에서 시들지 않는 꽃을 피우는 일

오늘도 하나님의 뜻에 따라
십자가를 짊어진다
내 가슴에 돌멩이가 던져지는 순간
고통의 물결이 일렁일지라도

진흙탕을 헤집고
꿈틀거리며 올라오는 연꽃이 눈부시다

알 수 없는 곳

조건 없는 사랑으로
주어진 하루의 생명
떨리는 마음으로 오늘을 덤으로 산다

알 수 없는 곳에서 바람은 불어오지만
그 바람은 보이지 않는다

안개는 우리의 눈을 가려도
그분을 의지한 채 한 걸음 내딛는다

말씀이 나의 눈이며
믿음은 나의 두 다리이다

언제일지 알 수 없는 그날까지
알 수 없는 것들을 그분에게 맡기고
또 한 걸음 내딛는다

수시로 바람은 불어오고
알 수 없는 곳으로 가도
내 발걸음은 멈추지 않으리

마른 장미꽃이 꽂힌 풍경

벽 쪽에 걸려 있는 TV
소리 없는 몸짓만 요란하고
여러 개 링거 줄을 달고 긴 의자에 사람들이 앉아 있다

어떤 이는 고개를 뒤로 꺾어 입을 벌리며 잠을 자고
어떤 이는 창밖을 하염없이 내다보고
또 어떤 이는 멍하니 TV를 본다

휴게실 탁상에는 말라버린 장미꽃이
꽃병에 꽂혀 있다

복도 건너편엔 간호사와 의사들이 분주하게 오간다

모두가 말없이 표정도 없이
마치 인공지능 로봇처럼
아픈 생각
아픈 기억
아픈 상처가 일상인 세상

천국에서 이곳을 바라보며 느끼는
침묵과 공허

슬픔과 고통
안타까운 십자가 눈빛

이 세상 어느 곳도 아프지 않은 곳이 없다

값없이 주는 것

눈을 뜨면
감사로 시작하는 하루
하루치의 햇살과 상큼한 공기를 거저 받는다

잠이 얹힌 눈을 비비며 부엌으로 가는 당신
내 옆은 아직 따스하다

예전에는 마당에 꽃이 피는 것을
바라보기만 했는데
이젠 다가가 향기를 맡는다

사소한 것들이 이토록 소중한 것을
왜 이제야 느끼는 것일까

덜컹거리는 세상 것들이
쉬지 않고 유혹으로 나를 흔들고
값없이 주는 것을 미처 깨닫지 못해 서성거릴 때

어스름 하늘이 빗장을 걸기 전
죽음의 문 앞에서 천국을 보았던 것처럼

주변을 바라보도록
눈을 뜨게 해준 감사의 기도에
날마다 즐겁다

청평호반에 붉은 단풍

청평 호반길
남은 가을이 막바지 타들어 가고
고운 물색이 고스란히 내려앉았다

소리 없이 타오르는 붉은 산허리 길
붙들고 있던 단풍들이 서서히
앙상한 북쪽을 향해 달아나고 있다

자연의 풍경을 잊고 사는 치열한 삶 속에서
이 정도는 괜찮겠지 하던 것들이
올무가 되어 가슴을 붉게 물들이고 있다

세찬 바람이 불자 힘없이 떨어지는 낙엽들
처연한 내 모습이다

죄를 용서받고 다시는 그렇게 살지 않겠다고
맹세했건만 자꾸만 반복되는 것은 왜일까

영의 생각이 아닌 내 생각으로
에덴동산에서 쫓겨난 이후
육신에서 벗어나지 못함이 아닌가

육신의 생각은 사망이요
영의 생각은 생명과 평안인 것을 잊어버린 채
늘 고통의 늪에 빠져 허덕인다

연약함을 도우시는 그분의 말씀으로
몸의 행실을 죽이며 늘 깨어 기도하는 것만이
죄와 사망에서 자유할 수 있다는 것을 알려주듯

청평호반에 붉은 단풍들이
청명한 물빛 속에 자기의 모습을 환하게 비추고 있다

허물

나의 義로 살아온 무지함이 몸에 배어
당신을 잊어버린 삶
쓰러진 다음에야 알았다

기억을 지우면 지울수록
상처 난 곳이 자꾸 덧이 난다

아무리 당신께 가까이 가 있어도
내 속에서 꿈틀거리는
걸레 같은 생각들

매 순간 어떻게 얼마나
나를 꺾어야 자유스러울 수 있을까

머릿속에
오랫동안 저장된 얼룩진 습관들

애벌레처럼 질긴 허물을 찢고
맨살을 드러내야 하건만
나는 아직 더듬이 끝이 뭉툭하다

애벌레 속에는 신이 숨겨둔
눈부신 날개가 기다리고 있는데

사랑의 자국

십자가에는 고통스런 자국이 남아 있다
꽝꽝 생살에 대못을 치는 소리
창에 찔린 옆구리에서 쏟아지던 핏물의 흔적

죄에 사로잡힌 가난하고 병든 자
위로하고 치료해 주었건만
유대인의 왕이란 죄명으로
온갖 치욕을 당한 빌라도의 뜰
침을 뱉고 뺨을 칠 때도 잠잠히 입을 다무셨다

극악무도한 강도는 풀어주고
죽이라고 소리치는 군중을 향해
용서를 구하며 숨을 거두었다

무엇 때문에 그랬을까
그 어느 누구도
깊은 사랑의 무게를 알 수가 없다

내 몸에도 몇 번씩
암과 싸우며 죽음의 경계선을 오간
고통스런 자국들이 남았다

공포와 두려움에 떨던 몸
칼이 다녀간 흉터를 볼 때마다
나를 살리신
하나님의 크신 사랑을 확인한다

어찌 찬양하지 않으랴

당신의 목숨과 바꾸었네
대물림한 죄로 죽을 수밖에 없는 죄인을

하늘의 별과 달아
땅의 산과 숲들아
그 가운데 모든 사람들아
모두 일어나 손뼉 치며 노래를 하자

모태 전부터 나를 지으신 자
나를 택하신 그 은혜를 찬양하자

아빠 아버지로 부를 수 있는 자
눈가에 촉촉이 머뭇거리는 눈물

당신을 향한 사무치는 마음
사람의 말로 어찌 다 할 수 있을까

자녀로 삼아주신 크신 사랑을
나 쉬지 않고 전하려네

내 생애 이처럼 아름다운 날
하늘 끝까지 들리도록
어찌 찬양하지 않겠는가

참된 기쁨

사람의 몸을 입고 이 땅에 오신
가난한 목수의 아들이여

사는 일이, 봄날
눈부신 꽃과 황홀한 단꿈이 아니었습니다

바벨탑을 쌓는 탐욕이
바른길이 아니었음을 보여주셨습니다

참새 한 마리도
당신의 허락 없이 땅에 떨어지지 않으리니

내 모습 빈 초목처럼 초라해도
나사렛 목수 예수여 자꾸 눈물이 납니다

밤새도록 비를 맞는 한 그루 나목처럼
처절한 기도로 울 수 있게 하소서

삼동 된서리에도 소망이 있어
더는 절망하지 않습니다

참된 기쁨은 고통과 더불어 오는 것을
나 이제 알았습니다

내 남은 생애
당신의 손에 온전히 맡깁니다

신앙

농부가 뿌린 씨앗
땅속에서 허물을 벗고 콩잎이 올라왔다

낯선 세상,
찬바람은 여린 속살까지 파고들고
뜨거운 볕에 목이 타고
밤엔 차가운 이슬에 떨었다

흙탕물이 덤벼들자
주저 없이 삽으로 물꼬를 트고
바람에 휘청거리는 몸
지지대로 묶어주고

벌레들이 달려들어 살점을 뜯어먹자
얼룩진 자국을 따라 약을 뿌렸다

가을이 오자
줄기엔 콩꼬투리가 주렁주렁 매달렸다

믿음 없이는
아무것도 맺을 수 없다는 것을

아는지 모르는지
콩은 그렇게 여물고 있다

하늘과 땅

1

하늘로 머리를 둔 까닭인가
땅에 살고 있는 것들은
하나같이 하늘을 향해 주문을 한다

비가 너무 와서
죽겠다고
비가 오지 않아서
못 살겠다고

넘쳐도 모자라도 하늘 탓이다

2

어스름 녘 하늘을 보니
여기저기 흩어진 양떼구름들

하늘 목자의 음성을 듣고

불평 한마디 없이
서쪽 하늘로 모이고 있다

하루가 고요히 저물고 있다

갑과 을

오늘도 회사에 출근하여
책상에 앉아 기도를 한다
사람 중심이 아닌,
하나님의 영광을 위해
살게 해달라고

핸드폰이 울린다
예전부터 거래해 온 회사였다
납품 단가가 비싸서 자기가 정한 가격을 메일로 보냈으니
검토 후 납품 여부를 답하란다

갑작스런 전화에 긴장하며 컴퓨터를 열었다
원가도 되지 않는 어처구니없는 단가들이 보인다

을이 된 나를 본 순간
울컥, 눈앞이 아득하다

대기업 다닐 때 갑과 을의 관계가
주마등처럼 스쳐갔다

이 교만한 시험을 어찌 이길 것인가
평생 버리지 않았던 칼을 버렸다

제2부

구유의 비밀

정신없이 달려온 한 해의 끝
쉼표를 찍고 하늘을 본다
마당에 서 있는 겨울 감나무
붉은 홍시 한 개 붙들고 있다

멀고 아득한 베들레헴
그날 밤 마구간 구유에 잠든 아기와
빌라도의 뜰에서 조롱을 당하며
채찍에 피 흘리던 주님을 생각한다

거리마다 캐럴송이 울리고
크리스마스트리와 화려한 네온사인
불빛 아래 술에 취해 비틀거리는 사람들
그들은 구유와 십자가의 비밀을 알까

주린 새의 밥이 될 까치밥 하나
벌거벗은 나무가 끝내 놓지 못하고 있다
새들이 쪼아 깊이 팬 상처 덧나지 않게
달빛이 어루만지는 12월 25일의 밤

욥의 믿음을 보며

우스 땅에 사는 의인을 보았다
사탄이 욥을 쳐서 순식간에 열 명의 자식을 잃고
그 많은 양과 낙타와 소와 암나귀가 죽고
아내마저 저주하며 떠나도 재투성이가 되어

발바닥에서 정수리까지 난 종기를 질그릇 조각으로
벅벅 긁으면서도
아무리 의롭다 하여도
고통 속에서 머리를 들지 못하는 것을

사탄의 시험에도 굴하지 않고
말씀에 순종하며 자신의 티끌 같은 죄를 회개한다
나를 빚으셨고 만드신 이
이젠 그만 고통을 멈추고
목숨을 거두어 가라고 기도하는 사내

온전하게 하나님을 경외하는
동방 사람 욥을 보았다
그의 믿음으로 여호와는 재앙을 거두시며
그전 소유보다 갑절을 주셨다

내 속에 죄가 가득한 것을 알았다
우주 만물의 주인 하나님은
내 죄를 사해줄 것인가
단죄할 것인가

다시는 고드름처럼

세상과 타협하며 살다가
미움과 분노로 숨쉬기조차 힘들어
지푸라기라도 잡고 싶을 땐

욥기에서 끝까지 믿음을 지킨 욥을 만나고
잠언에서 지혜로운 솔로몬을 만나고
시편에서 하나님을 찬양한 다윗을 만나
위로를 받고 용기를 얻는다

우주를 다스리는 하늘의 법으로
한파는 쉬지 않고 몰아치고
처마 끝에 매달린 고드름

울퉁불퉁 튀어나온 상처들
얼마나 더 길어질까
종일 내리쬐는 햇빛
사랑으로 녹아내리는 아픔

회개의 눈물로 떨어져
다시는 고드름처럼
고통스럽게 울지 않으련다

음지의 습관

숨을 참고 내 생각을 들여다본다
CT 사진 속에서 질긴 허물을 찾는다

눈은 있는데 보질 못하고
귀는 있는데 들을 귀가 없어
어떤 말을 보여줘도 반발만 할 뿐

낯선 영상의 주파수가 알아들을 수 없는 볼륨으로
윙윙 소리를 내며 남은 허물을 찾고 있다

아직도 남아 있는
시기와 질투
거짓과 위선을 품고
죽음의 늪에 빠져 무덤만 팠던 흔적들

사진을 판독하던 전등이 끊어지고
얼룩진 생각들
굳어버린 긴 슬픔에서 헤어나지 못하고
비밀의 방으로 재빨리 꼬리를 감춘다

허물을 짓는 음지의 습관만
뼛속 깊이 사무쳐 있다

뒤죽박죽

하늘은 먹구름으로 가득하다

인간이 만든 이상기후로
하늘은 마치
신을 잊어버린 어리석은 인간의 얼굴 같았다

멈출 줄 모르는 욕망을 위해
판도라의 상자를 열지만 않았어도
기아로 허덕이는 위성을 만들지 않았을 것이다

겨울에 피는 철 잃은 꽃들
봄에 내리는 폭설
여름에 쏟아지는 우박 덩어리

지금 먼 곳에서 빙하가 녹고
빙산이 떠내려오고 있다
하늘이 갈팡질팡 질서를 잃었다

문명이 만들어 낸 어두운 뒷면
폭력으로 할퀸 흔적이 여기저기 깊은 상처로 남았다

오염된 땅은 지금
비상구를 찾고 있지만
신은 대답이 없으시다

최고의 선물

이웃에게 줄 수 있는 최고의 선물이 무엇일까

받는 것에만 익숙했던 나
사랑이란 말에 감전된 순간
나누고 싶은 뜨거운 열정이 입에 차고 넘쳤다

말씀을 함께 나누며 웃고 우는 것은
영혼이 자유로워지는 일
사망의 늪에서 빠져나와
아름다운 영혼을 만나는 일이었다

노방에 나가 오가는 사람들에게
목이 터져라 구원을 외쳤지만
거리의 반응은 여전히 냉담했다

입이 마르고 목이 쉬어 힘들어할 때
길 가던 한 여인이 다가와 말을 건넨다
당신 말대로 교회에 나가 예수를 믿고 싶은데
어떻게 하면 되느냐고

나는 꺼져가는 불을 다시 추스르며
그에게 최고의 선물을 듬뿍 안겨주었다

당신 세상

새벽 기도 중 성령이 저 하늘로 데리고 간다

주님이 계신 눈부신 그곳
말로 다 할 수 없는 천국이었다

그곳에서 세상을 내려다보니
가시관을 쓴 한 그루 느티나무가 보인다

오랫동안 동네 사람들 속사정을 들어왔던 고목이
구멍이 생겨 어두운 흔적만 남았다

수없이 할퀴고 간 등껍질의 이력은
울퉁불퉁 그림자만 드리워지고
발길 끊어진 나무 밑에는 음지의 발자국만 남았다

세상살이에 지쳐버린 고목은
묵묵히 제자리를 지키고 있다

더는 변명할 수 없는 입
양심에 찔린 나는 왜 이생의 삶을 온전히 굴복시켜
당신의 뜻에 맞추질 못했을까

내세의 삶이 이토록 자유로운 것을
기도가 깨우쳐 주었다

무지렁이의 기도

예배당 의자에 앉아 그분의 목소리를 듣는다

하늘과 땅이여 숨 쉬는 모든 자들아
내 구속자요 모태에서부터 너를 지은 여호와라
그것을 다스리는 넌 내 종이라

끊임없는 온갖 마음의 우상을 세워
나를 외면하고 있으니 네게 어떻게 하랴

이천 년 전 너의 아버지가 되려고
애굽 땅에서 구원을 했듯
번제보다 내 뜻을 아는 것을 원하고
어서 회개하고 돌아와 영혼이 자유로운 종으로
나의 구속자가 되라

말씀에 입이 열리더니 곧 난청을 앓는다

여호와여
거짓 없이 입술에서 나오는 나의 기도를 들으소서
압제하는 악인과 목을 죄는 불의한 자로부터
자유케 하시고

그들을 넘어뜨리시고 주의 칼로 나의 영혼을 구하소서

자비가 많고 사랑이 많으신 하나님
순간순간마다 부족하고 연약함을 아오니
나의 모든 것을 내려놓고 당신만 의지하며
말씀대로 살기를 원합니다

세상과 타협하며 두 마음을 품고 살았던 무지렁이
아직도 다 내려놓지 못한 욕심에 걸려
귀가 피에 젖는다

얼마나 더 죽어야

아직도 찬 기운이 가시지 않은 계절
불쑥불쑥 올라오는 혈기로 배가 부르니
헛구역질로 뼈마디마다 관절을 앓는다

조급함으로 가득 찬 할미꽃
매서운 꽃바람에 고개를 푹 숙인 채
서 있는 두 다리에 가시가 돋는다

세차게 흐르던 시냇물도 돌부리에 치어
사방에 물방울을 튀기며 흘러간다

꽃과 나무들도 때를 기다리며 숨죽이는데
개울가 귀퉁이에 성급히 피어난 할미꽃
서슬이 시퍼런 서리가 얼굴부터 발끝까지 덮었다

내 모습을 보는 것 같다
당장 죽는 것도 아닌데
왜 매사를 그토록 급하게 서두르고 있는지

아직도 다 내려놓지 못한 생각이
혈기가 되어 뼛속까지 파고 들어온다

지난날 당신의 영혼 속에서 죽고 살았던 것들
생각하면 눈물밖에 없는데
얼마나 더 죽어야 나에게서 벗어날 수 있을까

폼페이 세상

이천 년 전부터 세상은 몸살을 앓았는데

눈을 뜨고도 보지 못하는 눈먼 자들
여전히 재물과 명예와 권력이
그들의 우상이다

남보다 많이 먹고 마시며
쾌락으로 배부른 사람들
현대판 소돔과 고모라 성에 살고 있다

타락한 폼페이
그때 그 거리를 걷는다

거리에서 만나는 소금기둥들

세상 유혹을 못 잊어 뒤돌아본 롯의 처는
곳곳에 얼마나 많은가

신의 심판이 가까이 왔는데
세상은 흥청망청

하나님은 지금도 의인을 찾고 계신다

단비

이른 새벽
당신의 은혜에 젖고 싶습니다

오늘 하루도 어떻게 살아야 할지
갈증으로 목이 탑니다

풀어야 할 많은 숙제를 들고 와
당신 앞에 엎드립니다

입속에 저장된 검은 말들이
자꾸 헛발질만 하는
내 몸은 영혼이 빠져나간 공동묘지와 같습니다

하늘에서 내려오는 성령의 새벽 단비가
메마른 풀잎을 적시듯
아버지의 뜻대로 온전히 살아갈 수 있도록

촉촉한 은혜의 단비에 젖고 싶습니다
생명의 말씀 없이는 하루도 살아갈 수 없습니다

기도하는 밤

지난밤에는
십자가의 능력을 깨닫게 해주셨습니다

잠 못 이루는 날
주를 믿지 아니하는 많은 얼굴들이
눈앞에 어른거려
기도하게 하셨습니다

음습한 그늘을 헤매는
죽음의 타깃인 폴더들
눈을 부릅뜨고 낚아채 가려는
해킹의 검은 눈

죄를 모르고 살아가는 저들
어떠한 심판이 기다리는지 모르는 저들

죽을 수도 있는 저들에게
예수의 커서로 엔터를 치니
구원을 받아 천국에서 영생하는 것을

나는 보았습니다
그리고 알았습니다

저들을 위해 기도하는 길이
또 다른 안 믿는 영혼을 도우며
또 다른 폴더로 입증하는
커서의 증거라는 것을

당신이 원하고 있음을 알았습니다

내 안에 그분이

새벽을 예약하는 마음은
초조함으로 선잠을 잔다

요란한 알람 소리에 습관적으로
눈을 뜨는 새벽 네 시 반
해가 뜨기 전
등불을 켜고 그분은 나를 기다린다

새벽 다섯 시
교회 문을 열고 의자에 앉으면
첫 만남으로 시작되는
설렘으로 가슴이 두근거린다

새벽 다섯 시 반
회개의 시간, 용서의 시간, 은혜의 시간, 말씀의 시간,
어제도 내려놓지 못한 일들이
주마등처럼 지나가고 눈물만 가득하다

첫사랑이 변하지 않는 것처럼
새벽이 항상 설레는 것은
내 안에 그분이 살아 있기 때문

살아서 역사하고 있기 때문

새벽 찬송과 말씀으로
기름과 불을 준비하는 새신랑이 된다

꽃들의 시간

꽃망울들이 햇살을 빨며 올라온다

모양과 향기까지 다른 꽃들은
시기하거나 질투하지 않는다
자기만의 색깔로
같은 순간에 피어도 미워하거나 부러워하지 않는다

봄에 피는 꽃은
여름꽃보다 빨리 피었다고 교만하지 않으며
먼저 시든다고 원망하지 않는다

들판에 피어있는 꽃들도
저마다 피어야 할 시기에
자기 자리에서 묵묵히 피고 있다
계절마다 맑고 아름다운 풍경으로

세상 것으로 가득 찬 나는
때 없이 피어
향기조차 없다

속절없는 꿈

지난봄
오랜 셋방에서 벗어나 단독주택으로 이사를 왔다

아버지는 텃밭과 꽃들을 가꾸며
마당 한가운데 느티나무를 심고
바비큐를 할 수 있는 둥근 탁상과 의자를 놓았다

여름날 저녁 가족들은 둘러앉아 고기를 구우며
꿈을 이야기했다

철이 없던 한 아이
좀 더 큰 마당에 많은 꽃과 나무 심기를 원했다

평상시처럼 출근했던 아버지가
교통사고로 돌아오질 못했다

화사하게 꽃피던 마당은 어디로 가고
찬비 맞는 가을 나무
더운 피를 쏟아내듯 붉은 잎새를 떨구며 서 있다

한때 하늘도 가릴 것처럼 무성했던 나뭇잎
부풀었던 많은 꿈들이
가을비에 흙으로 돌아갔다

소리 죽여 흐느끼는 참회의 기도처럼
선혈로 흥건히 누운 낙엽들

겨울을 독촉하는 늦은 비에
가득했던 꿈들이
빗물과 함께 쿨럭거리며 하수구로 들어간다

흔들림에 대하여

먼 과거는 아름다운 추억이지만
현실은 지나간 아쉬움에 발목이 잡혀 후회한다

신앙인으로 살아간다는 것은
끊임없는 자신과의 싸움
나는 몇 번이나 쓰러졌을까

십자가를 지고
좁은 길로 가겠다고 다짐하지만
보잘것없는 믿음은
수시로 변하여 자꾸 헛발질만 한다

무겁다고 길에 팽개친 수많은 십자가들
후회가 길을 가로막는다

마당에 우뚝 선 묵은 소나무
훈장처럼 겹겹이 붙어 있는 두꺼운 등껍질
수십 년 비바람을 견뎌낸 이력이다

저 나무도 제자리를 지키며 서 있는데
나는 왜 흔들리는가

온전히 그 길로 갈 수 있는 것은
나의 힘이 아닌데
그분이 먼저 나를 자녀로 택해주셨는데

사랑이라는 힘

태어나자마자 울면서 엄마를 찾는다
배고파서 울고 아파서 울고 보고파서 운다

신은 엄마가 되어 집집마다 찾아오셨다
하루도 거르지 않고 징징대며 달라고만 한다
마치 맡겨 놓은 것처럼

벌과 나비들은 꽃을 찾아 꿀을 얻고
꽃은 수정을 받아 스스로 열매를 맺고
시베리아에서 수백 킬로를 날아와
서걱대는 갈대숲에서 먹이 찾는 겨울 철새들

누구에게도 징징대며 조르지 않는다
제 몸을 쥐어짜며 주고 또 주는
일방적인 희생도 기뻐하는 사랑의 힘

주는 것에만 몸이 밴 것은
하나님이 창조한 사랑 덕분에

제3부

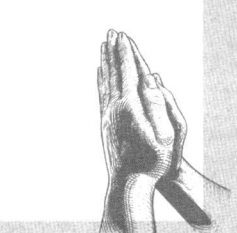

습관을 버리다

어제보다 신선한 공기와 맑은 햇빛이 찾아왔다

해묵은 습관으로 길들여진 단어들
우유부단과 소심증을 털어내고
젖은 자리에 햇살을 쬔다

어제와 다름없는 오늘일지라도
조금씩 변해가는 슬기로운 눈

올해는 많은 것에 욕심부리지 않고
한두 가지만 뜻을 정한다
긍정의 눈으로 세상을 바라보며
가족과 이웃에게 사랑을 베풀겠다고

새로운 단어들로 쏟아지는 아침 햇살
혼신을 다해
좋은 한 편의 시를 써서
빈 가슴을 채우리라

하늘과 대지를 새롭게 여는 신년처럼
온종일 해묵은 습관을 곰곰이 삭힌다

탐욕의 끝

아무도 거들떠보지 않는 야트막한 산
땅속 깊이 자리 잡은 칡뿌리
산 중턱 일대를 온통 넝쿨로 뒤덮었다

둥근 잎 틈새로 돋아난 붉은 칡꽃
승리를 자축하듯 고개를 뻣뻣이 쳐들고

그칠 줄 모르고 뻗어가는 손
끊임없이 주변의 크고 작은 나무들
닥치는 대로 휘감아 목을 죄고 있다

더 이상 넘어서는 안 되는 곳
담장을 넘어 집주변으로 건너오자
한 사내가 낫으로 모두 잘라냈다

손과 발이 잘려질 때마다
땅바닥에 뒹굴며 허연 거품을 물고
몸서리치고 있다

막바지 한여름
슬그머니 내 몸을 점령한 무성한 욕심들

치유되지 않는 불치병을 십자가에 못 박는다
보혈의 피로 거듭날 수 있도록

동전의 이면

성경책을 펼쳐
마귀가 예수님을 시험하는 것을 읽었다

광야에서 사십 일 동안 금식한 분에게
돌을 떡으로 만들어 먹으라며
인간의 약점을 공략한다

사람은 떡으로만 사는 것이 아니요
하나님의 말씀으로 사는 것이라고
정답을 말할 때

수십 일을 굶어 죽음이 다가왔을 때
믿음으로 이겨낼 사람이 몇이나 있겠냐며
목을 치켜세운 아내의 목소리가 터져 나온다

나는 믿음으로 말씀을 부여잡고
죽을 수 있는 사람도 있다고 나지막이 말했다

짧은 순간에도 호시탐탐 헛된 수작으로
틈을 비집고 들어와 둘을 갈라놓고 있다

똑같은 말씀을 읽었는데
서로 생각이 다른 것은 왜 그럴까

설익은 믿음은
동전의 이면처럼 다르다
우린 다시 찬찬히 읽어갔다
마귀가 예수님 앞에
무릎 꿇고 복종하는 것을 읽는 순간
두 사람은 아무 말 없이 머쓱하게 바라보며
고개를 끄덕거렸다

내 영혼을 믿고 맡길 수 있는 사람
오직 예수뿐이라고

똑같은 짓

이천 년 전 에덴동산은
하나님이 건축하신 최고의 낙원이었다

아담과 하와는 뱀의 유혹으로
하나님의 명령을 어기고 에덴에서 쫓겨나
고행이 시작되었다

남자는 평생 땀 흘리며 밭을 갈고
여자는 출산의 고통을 치르는 죄의 대가

달콤한 말이
하나님의 말씀보다
더 크게 들린 것은 무엇 때문일까

하지 말라는 것,
해도 괜찮다는 것
잠깐의 사이는 너무 가깝고, 너무 아득하다

나는 절대로 어리석지 않을 거라고
수없이 다짐했건만

이천 년 전
최초의 인간이 하던 짓을
똑같이 반복하고 있는 것은 왜일까

그때나 지금이나
에덴동산은
문을 활짝 열어놓고 주인을 기다리고 있는데

잡초와 겨루기

작은 마당 꽃밭 하나 지키는 것이 힘겹다
꽃 주변 잡초들
며칠 만에 또다시 고개를 내민다

끈질기고 강한 뿌리
내 손아귀의 힘에 잎이나 줄기만 내주고
그 자리에 또다시 올라왔다

쪼그려 앉아 호미 날로 뿌리째 뽑아야 한다
내 삶도
호시탐탐 기회만 있으면 욕망이 고개를 든다

다시는 그렇게 하지 않겠다고
무릎을 꿇고 회개를 해도 똑같은 실수를 거듭한다
뽑아내려 하면 할수록 저항하는 잡초 같은 근성

작은 마당에 꽃들만 피어날 수 있도록
반복되는 내 죄를 멈추게 할 수는 없는 것일까
아름다운 예수님의 삶처럼

나이를 먹으면

옻은 칠을 거듭할수록
빛과 윤기를 더 해가지만
사람은 나이를 먹을수록 윤기를 잃어간다

눈이 침침하고 귀도 어둡다
작은 것은 보고 듣지도 말며
큰 것만 보고 들으라는 것인가

걸음걸이가 불편하고 정신이 깜빡거린다
매사에 조심하며
살아온 날을 다 기억하지 말라는 것인가

가끔씩 숨 한번 크게 들이쉬며
하늘을 보고 멈추면
보이는 것들이 많은 나이

달과 별과 해는
자전과 공전을 하면서
하늘을 지킨다

거울 속에 보이는 나에게 말을 한다
무거운 것들을 이제 내려놓고
그분의 뜻에 따라 살아가라고

포도나무와 가지

수확을 기다리는 무성한 포도밭
한때 포도나무를 떠나서는
죽을 수밖에 없다고 고백했지만

나는 이기적이었다
뜨거운 햇볕
비바람을 견디는 것이 싫었다

좀 더 편하고 시원한 곳을 찾아다녔고
농부의 눈에 띄어
더 빨리 크고 더 많은 것을 얻으려 했다

주변 포도들이 나보다 작아 보였다
내 생각과 행동으로 포도나무를 벗어나자
교만이라는 종양이 점점 자라고 있었다

어느 순간
벽에 부딪혀 쓰러진 후
농부는 가위와 칼로 쭉정이를 잘라냈다

먼저 잘려진 가지들이 바닥에 뒹굴었다
함께 뒹굴며 깨달았다
포도나무를 붙잡아야 살 수 있다고

바리새인과 세리

초등학교 동창 모임
공무원 생활을 오래 한 친구
성품이 곧고 똑똑했다
간단한 의식이 끝나고 회식 자리에 합석하게 되었다

높은 공직에서 퇴직을 한 친구는
부러움에 둘러싸여
그동안 쌓아 올린 치적들을 자랑했다
곁에 앉았던 농사를 짓는 한 친구는
교회에 다닌다고 했다

세상에는 내놓을 것 없지만
한 번도 예배를 빼먹은 적 없고
나의 첫 직장은 교회고 두 번째 직장이 농사라고
행복하다고 했다

나는 아무 말도 못 한 채 얼굴이 벌겋게 달아올랐다
순간, 기도하러 성전에 올라갔던 두 사람이 생각났다
토색, 불의, 간음하는 자들과 멀리한 바리새인은
이레에 두 번 금식하고 십일조 드렸다며
하늘을 우러러 보았고

멀리 서서
감히 하늘을 쳐다보지 못한 세리는
불쌍히 여기소서 나는 죄인이로소이다
가슴을 쳤다

높이는 자는 낮아지고 낮추는 자는 높아지는 진리를
2000년 전이나 지금이나 모르는 것은 마찬가지
귀가 번쩍였다
항상 깨어 기도해야 하는 이유를

삭개오야

여리고 사람 삭개오
키가 작고 볼품이 없는 그가 주님을 보려고
돌무화과나무에 올라가니
주님은 말씀하셨다

삭개오야 내려오라
내가 오늘 네 집에 머물겠다
그는 뭇 사람에게 비난을 받는 세리장
예수님이 죄인의 집에 들어갔다고 사람들이 수군거렸다

그것을 아는 삭개오
무릎을 꿇고 고백한다
소유의 절반을 가난한 자들에게 주겠으며
혹 속여 빼앗을 것이 있으면 네 갑절이나 갚겠다고

이토록 죄인 중에 죄인이지만 그분을 믿고 영접하는 순간
이 사람도 아브라함의 자손이라고 선포하신다
인자가 온 것은 잃어버린 자 곧 죄인을
구원하러 오셨다고 하신다

그분은 항상 내 곁을 지키고 계시건만
나는 죄의 어둠으로 보지도 듣지 못한다
알파요 오메가이신
그분의 깊은 뜻을 언제나 다 헤아릴 수 있을까

* 참조: 누가복음 19:1-10

화사한 봄날

길가에 만개한 눈부신 목련꽃
꽃잎은 떨어져 바닥에 뒹굴고
민들레꽃은 기운차게 올라오고 있다

목련꽃처럼 화려했던 히브리인 중 최고의 율법학자
의로는 흠이 없고 율법을 잘 지키며 순종하는 자
당대에 세상으로부터 존경받던 사울이 떠오른다

교회와 예수 믿는 사람들을 핍박하고
앞장서서 죽이기까지 한 그가 다메섹에 이르니
홀연히 하늘로부터 강한 빛이 그를 비추었다

무섭고 두려워 땅에 엎드린 그에게
사울아 사울아
네가 어찌 나를 박해하느냐

대답하되
누구시니이까
나는 네가 박해하는 예수라

순간, 땅에서 일어나 눈은 떴으나
아무것도 보지 못하고 사흘 동안 먹지도 마시지도 못했다
그는 죄인 중에 괴수였던 것이다

자기 의지론 아무것도 할 수 없자
주님은 아나니아를 통하여 안수받고
사울이 바울로 거듭나자
그토록 증오했던 예수님을
하나님의 아들이라 고백을 한다

목련꽃처럼 눈부셨던 그가
땅에 떨어지니 괴수 중에 괴수임을 고백하고
쓰레기보다 못한 자신을 날마다 죽이는 자가 되었다

보잘것없는 민들레
사람들이 밟고 다녀도 웃고 있는데
화사한 봄날 나는 무엇을 하고 있는 건지

* 사도행전 제9장

손안에 갇히다

시끄러운 굉음을 내며 달리는 전철 속
목적지가 다가오면 도착역을 알려주지만
어떤 이는 귀에 헤드폰을 끼고 어떤 이는 서서
아랑곳없다는 듯 손가락만 움직인다

깜박거림도 없이 한곳에 집중된 눈
옆에 누가 탔는지 관심도 없다
내 앞과 옆 저 맞은편에도
모두가 고개 숙인 채 눈길 하나 주질 않는다

그때 나타난 한 사람
예수 천국 불신 지옥
빨간 글씨 목에 걸고 좌우로 기웃거리며
예수 믿으세요 예수 믿으세요

외치며 지나가는데
아무도 쳐다보지 않는다
저들 속에는 믿는 자도 있고
안 믿는 자도 있을 것이다

모두가 폰의 노예가 되어버린 저들
손가락이 움직이는 대로
소리 없이 영혼은 죽어가고 있다
손바닥 안의 세계에 갇힌 자들

천지를 창조하시고 흙으로 사람을 만드신 자
풍족하게 살 수 있도록 모든 것을 주셨건만
귀가 먹었고 청맹과니였다
말을 못하고 앉은뱅이였다

사랑의 조건

사랑을 아느냐고 나에게 물었다
사랑은 알수록 어렵고
물어보면 저만치 가버리는 것이다

곁에 있는 아내에게 조심스레 물었다
사랑을 아시나요
사랑은 어떤 것인가요
사랑은 하고 있나요

무뚝뚝한 아내
한동안 이상하다는 듯이
눈만 껌벅거리더니 입을 뗀다

사람들의 사랑은 이기적이고 일시적이지만
주님의 사랑은
십자가에 못 박히는 것도
주저하지 않는 희생과 구원의 사랑이라고 한다

주는 것만큼 받고
받는 것만큼 주는 우리의 사랑을 확인하는
전쟁 같은 일상들

뒤통수를 되게 맞은 기분이었다
내가 준 사랑을 받지 못하면 미움도 함께 한다
계산하지 않는 무조건의 사랑이 진정한 사랑이다

입만 뻐끔거리는

새벽예배 기도 중 어디서 소리가 들렸다

너는 누구지?

깜짝 놀라 기도를 멈춘다
뭘 잘못했나 싶어 뒤돌아본다

처음 믿었던 중학교 때부터 지금까지 내 모습이
파노라마처럼 빠르게 지나간다

늘 부족한 죄인임을 고백하며
말씀대로 살게 해달라고 했지만
세상에 묻혀 살아온 일들이 거의였고
진정 당신을 위해 살아온 시간이 보이지 않았다

입만 뻐끔거리는 붕어처럼
당신의 영광을 위해 살겠다고 말로만
반복하는 모습이 위선자 같았다

내 눈에 보이는 것들은 온통 나만을 위해
몸부림치는 풍경뿐

허허벌판에 벌거벗은 모습으로
간신히 버티고 있는 갈대들

매정한 겨울바람이 매섭게 흔들어
넘어질 듯 휘청이는 아우성이 들렸다

내 죄를 깊이 회개하고 더 내려놓으라는 함성 아닌가

마사지 샵에서

지친 온몸을 끌고 마사지 샵을 찾았다
뜨거운 물에 두 발을 담그니 미소를 띠며
다가와 내 발가락을 손으로 씻어준다

희미한 불빛 침대에 누워
찌든 삶으로 굳어버린 몸을 내밀었다
이미 그는 다 알고 있다는 듯
순서에 따라
뭉쳐있는 혈과 근육을 찾아서 풀어준다

손이 닿는 곳마다 생존의 깊은 상처로
앓아 왔던 곳
머리끝부터 발끝까지 막혔던 피가
구원의 피로 다시 돌고 있다

기적의 손에 빠진 난
맨 처음 가롯 유다의 발을 씻겨주신 손과
발 씻기를 사양하다가 온몸까지 씻어달라고 했던
베드로가 보였다
한 사람은 영원히 죽었고 한 사람은 구원을 받았다

이토록

육과 영이 뚫리니

지옥과 천국을 오가며 당신의 세상을 맛보고 있었다

그대가 없으면 나도 없다

훅 하고 지나가는 순간마다
그대를 붙잡습니다

그대가 누구인지
왜 그대여야만 하는지
나는 알고 있기에

그대가 나를
허락하지 않는다 해도

그대여야만 하는
이유가 내게 있습니다

한순간,
한 호흡 사이에도

나뭇가지 옆구리에 걸린
잎사귀 하나가
비바람에 수백 번 몸 뒤척이는
그 순간에도

그대가 내 곁에 자리 잡고
있기에 숨 쉬고 있습니다

떼어낼 수 없는
운명으로 맺어진 그대
사나 죽으나
지울 수 없는 오직 한 분

그대가 없으면 나도 없습니다

그때

사람들은 말한다

그때 참았더라면
그때 알았더라면
그때 믿었더라면
그때 사랑했더라면
그때 고백했더라면
그때 붙잡았더라면

훗날엔
지금이
바로
그때가 되는데

지금도 제대로
못하면서
자꾸 그때만을 찾는다

오늘의 기도

어둠을 밀어내는 아침이 왔습니다

온 천지가 기지개를 펴고
바람과 구름이 머무는
끝없이 드넓은 하늘이 보입니다

아침 햇살이 풀잎들을 애무하니
꽃들의 향연이 펼쳐집니다

꽃 속에 감추어진 하늘과 태양을
가득 채울 수 있는 당신

흐르는 강물 같은 인생
빚만 지고 있는 제 생명을 드리오니
자비와 긍휼로
오늘도 그 안에 내 영혼이 머물기를 원합니다

활짝 핀 꽃들처럼
하나님을 사랑하고 이웃을 사랑하는
내 마음속에 기억된 십자가의 뜻
오늘도 실천하게 하소서
이 생명 다하는 그 날까지

제4부

믿음의 관계

살던 곳이 재개발되고
너무 적은 보상금에
끝까지 버티다가 강제 철거를 당한 집

넓은 마당에서 마음껏 뛰놀던 초롱이
아직도 공포에 질린 눈에는 눈물이 고였다

주인이 미처 데리고 가지 못했는지
같이 살 수 없는 환경이라
두고 갔는지

갑자기 뒤바뀐 환경에
두려움에 떨며 주인을 찾는 강아지
밤이 되면 무너진 빈집에서 목이 터져라 짖었다

주인을 향한 한 가닥 기대로 버티더니
배고픔에 지쳐 쓰러진 초롱이

떠난 주인이
초롱이를 다시 찾아왔다
주인과 종의 믿음으로 이어진 관계를 보았다

세상에서 버림받고 원망할 때
만물의 주인이신 오직 그분을 찾고 간구하면
구원이요 생명이라는 것을

해줄 수 없는 것

자식들이 볼 수 없는 부모의 속마음
어려서는 몰라서 볼 수가 없고
어른이 되어서는 알아도 볼 수가 없다

평생 가슴에 품은 자식
잘못마저 훈육과 사랑으로 감싸보지만
넓은 벌판에 홀로 서 있는 갈대처럼
언제나 안쓰럽고 가슴 아픈 자식들

우리 부모님이 그랬고 내가 그렇고
우리 자식들이 그러했다
그런 부모가 해줄 수 없는 것이 하나 있다
죄에서 구원을 받게 하는 것

아무 죄도 없는 예수님을
십자가에 못 박아 죽게 한 하나님
하나뿐인 자식을 우리를 구하기 위해 제물로 내주었다

이토록 엄청난 사랑을 어디에서 볼 수 있으랴
부모도 대신할 수 없는 일
구원은 오롯이 자신이 선택해야 하는 일인 것을

앉으나 서나 자식 걱정
부모의 눈물 어린 간절한 기도를
어찌 다 자녀가 헤아릴 수 있으랴

공원의 연못

공원 한가운데 넓고 깊은 연못
물속에 뿌리를 내린 꽃들은
사람들의 무분별한 낚시로
마지막 남은 빛조차 희미하다

서서히 죽어가는 꽃
바닥은 물고기 먹이로 오염되어 악취가 진동한다
초점을 잃은 꽃술
인간들이 저지른 불법 때문에
죽음의 굴레를 오롯이 견디고 있다

"낚시 금지 고기밥 금지"

팻말을 비웃듯
여전히 저쪽 귀퉁이에서 낚시를 한다
물밑 속을 파고드는 아침 햇살
밤새 고통을 키우던 뿌리들

둥근 연잎들 틈새로 붉은 연꽃이 올라왔다
낚시를 멈추라고 외치고 있는데
아랑곳하지 않는 저들은 어떤 사람들일까

악취로 진동한 그곳
사람의 욕심은 끝이 없다

진정한 용서

눈을 뜨면 습관처럼
죄짓지 않고 하나님의 영광을 위해 살겠다고 고백을 한다

사업을 하다 보니 부도와 배신으로 상처가 많다
정신없이 세상에 묻혀 살다 보면
다 잊힐 것 같았는데
옛것이 돋아나 수시로 나를 괴롭힌다

배신당한 깊은 상처가 쇠말뚝처럼 박혀 있다
위선과 독선을
왜 온전히 뽑아내지 못하는지

진정한 용서란 무엇일까

찌꺼기조차 없는 깨끗함
온전한 자유와 평화
죄의 수렁에 빠지지 않는 힘
이런 너그러움과 넉넉한 마음은 어디서부터 온 것일까

용서하는 자가 승자인 것을

형님들의 시기와 질투로 종으로 팔려 간 요셉이
총리가 되어 애굽으로 곡식을 얻으러 온 형님들에게 한 말

복음을 전하다가 돌팔매질을 한 저들을 향한
스데반의 마지막 말

주님은 십자가에 못 박혀 돌아가실 때
집행하는 자들을 향해
무슨 일을 하고 있는지 모르는 저들에게
'하나님 죄를 사하여 주시옵소서' 라고 기도하셨다

아직도 내 죄가 무엇인지 모르는 난
용서의 뜻을 제대로 알고나 있는 건지

어둠에 갇힌 달

초승달과 둥근달은 밤이 다르다
빛에 숨어있던 태초의 둥근달
날이 갈수록 어둠은 죄와 가깝다

밤이 되자 죄악은 날카로운 창이 되어
사람을 찌른다
움푹 팬 초승달
파도가 치면 금세라도 뒤집힐 것 같다

팔과 다리가 잘려 나간 월계수 나무에 매달려
옆구리에 창을 찔린 자국도 보인다
죄로 인한 노예와 포로들
창을 든 수많은 별들이 에워싸고 있다

썩은 냄새로 가득한 곳
치열했던 이방인들의 낮
밤은 서서히 그들을 심판하고 있다

너무 놀라 무릎을 꿇고 소리를 친다
오 주님
이 죄인을 용서하옵소서

당신의 뜻대로 살겠습니다

어둠에 갇힌 달
주름진 달빛 사이로 내가 보인다
새벽이 오자 나를 향해 달려오던 죽음이 멈춰버렸다

어떤 처방

치열한 생존으로 황폐해진 빌딩 숲

정문 앞 작은 공원에 공해로 병든 붉은 금강송
숨을 헐떡거린다

수많은 차들이 뿜어내는 연기와
겨울에 염화칼슘을 뿌린 것들이 뿌리에 스며들어
붉은 잎으로 변해간다

빽빽이 들어선 빌딩
숨쉬기가 버거워 시커먼 송진이 밖으로 흘러내린다

소나무가 욥처럼 온몸을 긁고 있다

욥의 아내가 다가와 하나님을 욕하며 떠났고
먼 곳에서 소문을 듣고 위로하러 온 친구 셋
그를 더욱 고통의 나락으로 빠뜨렸다

퉁퉁 부어오른 영혼의 눈시울
끝까지 포기하지 않고 구원을 기다리던 믿음의 욥

죽을 만큼 힘든 빌딩 속의 숲들
믿음으로 기다리는 금강송에게 다가가는 정원사
그분은 어떤 처방의 약을 가지고 왔을까

어느 눈먼 이의 믿음

태어날 때부터 그는 보질 못했다
부모의 죄가 많아서 그랬다 하고
어떤 이는 자신의 죄 때문이라고 했다

동전 소리에 배고픈 귀를 기울이며
오늘도 바닥에 앉아 구걸을 하는데
갑자기 큰 무리가 소리를 내며 지나갔다

궁금한 그가 군중을 향해 무슨 일이냐고 묻자
나사렛 예수가 지나간다 하니 벌떡 일어나 소리쳤다
다윗의 자손 예수여 나를 불쌍히 여기소서

앞서가는 자들이 잠잠하라 꾸짖되
더욱 크게 소리 질러 불렀다
예수가 가던 길을 멈추고 그를 데려오라 하여 물었다

네게 무엇을 하여 주기를 원하느냐
주여 보기를 원하나이다
네 믿음이 너를 구원하였느니라

곧 눈이 뜨이고 예수를 따르니 백성들은 수군거렸다
부모와 그의 죄가 많은 것이 아니라
그의 믿음으로 그가 보게 되었다는 것을

* 마가복음 9:27~28

살아 있기에

좁은 병실 침대에서
항암으로 심한 열과 호흡 곤란이 오자
활처럼 몸을 구부리며 밤새 신음을 했다
혓바닥이 모래알 같다

날이 밝자 창밖을 내다본다
겨우내 추위를 견뎌낸 목련이 활짝 폈다
세찬 바람이 불자 썰물같이 꽃잎이 떨어진다
중얼거리는 동안 꽃잎 한 무더기 또 진다

55세까지 감기 한번 걸려 본 적이 없었던
내가 서글퍼진다
너무 고통스러운 몰골을 보고
뒤돌아서서 눈물을 훔치는 아내

나락으로 떨어지는 통증은
번번이 죽음을 떠올리게 했다
다시는 겪고 싶지 않은 고통을
벗어나고 싶었다

벽에 있는 십자가가 보인다
손과 발에 못이 박힌 채 피 흘리며
옆구리에 창 찔리기까지의 고통을 생각한다
매달려 있는 동안의 고통을 생각한다

멈추지 않는 눈물이 시트를 적실 때
죽음에서 부활하신 그분이 말씀하신다
너는 아직 살아 있기에 아픈 것이라고
아픈 동안은 살아 있는 것이라고

꽃 피는 봄은 알고 있을까

축령산자락 암 요양병원에서
오랫동안 투병 생활을 하다 보니 늘 집이 그리웠다
아내는 병문안을 왔다 갈 때면
이곳에 혼자 놓고 가는 것을 항상 미안해 했다

오래전 은퇴 후 단독주택에 정원을 꾸미며 살려고
대부도 산 위에 사놓은 땅이 있었다
산 너머에는 바다가 있었고
소나무가 에워싼 작은마을이 있었다

외진 곳
여인의 몸으로 부랴부랴 집을 짓고
나를 그곳으로 불렀다

우리는 세상 것들을 다 내려놓고 하나님이 지으신
자연 속에서 말씀을 섬기며
몇 해 동안 쉬엄쉬엄 산에는 유실수를 심고
마당에는 각종 꽃나무와 화초를 심었다

처음엔 실패도 많았으나
이젠 자리를 잡아

봄이 되면 마당에 많은 꽃들이 피어난다

목련과 수선화가 반기고 라일락 향기와
목단이 빨갛게 입을 벌린다
벌과 나비들이 정신없이 오가며
홍매화꽃이 붉게 허공을 수놓았다

꽃에 취한 몸은 점점 좋아지고 있었다
축령산과 대부도 사이를 이어주는 기적이
그분의 손에 있다는 것을
꽃 피는 봄은 알고 있을까

죽음의 문턱에서

신우암 4기로 네 가지 암과 여섯 번의 수술을 하고
암 요양병원을 찾았다

수속을 마치고 6인실에 들어서자
모두가 힐끔 쳐다보더니 관심이 없다
침대에 앉아 식구들과 함께 짐을 풀었다
아무도 내게 말을 거는 자가 없다

옆에 있는 사람에게 내 소개를 했다
퉁명스럽게 몇 마디 답변만 한다

다음날 놀라운 이야기를 들었다
이곳에 온 사람들이 거의 4기와 말기암 환자였다
웃음을 잃어버린 지 오래
가족들도 면회를 오면 눈치를 보며 겉돌았다

항암을 맞고 와 밤에 갑자기 열이 올라 응급실로 갔지만
운명하는 일이 비일비재하였다

그 순간
암을 극복해 보겠다는 의지가 확 떨어져

자포자기하는 사람이 있다는 것이다
우리 병실도 예외가 아니었다

어떤 이는 닫혀 있는 세상 속으로 더 들어가고
어떤 이는 열린 하늘 속으로 들어갔다

웃음을 잃어버린 저들
천국을 모르고 세상을 떠나는 저들
어둠으로 닫힌 저들에게
영생을 알게 해주고 싶은 생각이 절절 끓었다

부활이요 생명이신 그분을 믿어
죽어도 영원히 살 수 있다는 것을

고난이 없었다면

고난은 다음 생을 위한 준비다
절망과 좌절로 나락에 떨어져 있을 때
선과 악이 충돌하는 싸움이 시작된다

몸은 점점 죽어가고 있지만
영적인 신비는 점점 살아나고 있었다

그곳은 내가 무엇을 할 수 없는 영역이었고
그분만이 시작하는 곳이었다
그래서 가슴이 뛰었다

편안하고 즐거울 때는 알 수 없는 그곳
고통과 눈물이 찾아올 때 경험할 수 있는 곳

십자가라는 고난을 통해 부활하셨듯
암을 통해 신비로운 세계를 알게 하셨다
암에 걸리지 않았더라면 어떻게 살고 있을까

이전의 생활이 생각만 해도 끔찍하다
특별하게 찾아온 다음 생애의 놀라운 운명

생각하니 가슴이 벅차 눈물이 흐른다
그토록 무섭고 힘들었던 것들이 나를 설득한다
그분의 뜻이 어디에 있는지를

고통 너머에 기다리고 있는 부활로
죽음의 톱니바퀴가 멈춰버린 것이다

그분이 오는 소리

겹겹이 쌓인 마음을 읽는데 참 오랜 시간이 걸렸습니다
비바람에 상처와 고통에 닿았을 무렵
봄을 만난다는 건 커다란 선물이었습니다

겨우내 숨죽이며 기다리다 눈부신 햇살을 받으며
활짝 핀 목련
나도 저 꽃처럼 귀한데
내 꽃을 피우기 위해 왜 이토록 아픈 것인지

지금까지 살아오면서
얼마나 많은 고통이 필요했는지
알지 못했습니다

수술실을 들어가고 나올 때
노아의 방주처럼 돛도 닻도 키도 없는 방주에 담겨
그분이 계획한 곳으로 오고 갔습니다

창문 밖에서 환하게 웃는 목련꽃
내 마음속에 살며시 찾아와 노크를 합니다
천지를 만드시고 내 몸을 빚으신
그분이 오는 소리를 들어보라고

우리를 구원하려고
십자가에 못 박혀 피 흘리신 뜻을 생각해 보라고
사흘 만에 부활하신 뜻을 생각해 보라고

나의 뒷덜미

죽음의 문턱까지 가본 난
수시로 묻는다
하늘을 쳐다봐야 하는 이유를
누구도 죽음엔 예외가 없는 것

권세와 돈 많은 자 힘없고 가난한 자
착한 자와 악한 자
믿는 자와 안 믿는 자
예외 없이 모두가 죽는다

죽음 후에 확연히 드러나는
지옥과 천국
죄 많은 우리를 살리려고
대신 피 흘려 죽어 부활을 입증한 주님

믿기만 해라
내가 사망에서 너희를 살렸느니라
생육과 번성하는 축복을 삼만육천오백 번
죽기까지 피의 언약으로 약속을 하신 것이다

아무런 대가도 없이 거저 주시는 은혜
내가 어찌 그 깊은 마음을 알 수 있으랴
내가 행하는 모든 것
생각하는 모든 것을 알고 계시는 그분을

누구나 그분을 믿기만 하면
죽음은 끝이 아니라 시작이었다
나의 뒷덜미를 잡는 고난이 내게 있기에
하늘을 수시로 쳐다본다

아직도 나의 틀에

늦가을 해거름
계절의 틈이 보이자
찬 바람에 잎들은 떨어지고
위태롭게 모과가 매달려 있다

힘겹게 붙들고 있는 나뭇가지
주인의 선택을 받지 못한 모과
아무도 쳐다보질 않는데
까치가 날아와 요란한 소리를 내며 파먹고 있다

마지막 열매까지 내어주고
겨우내 앙상한 모습으로
잔뜩 움츠리고 있을 저 나무를 보니
순간 머리카락이 쭈볏거린다

꽃이 피어 열매를 수확하기까지
그분의 뜻에 얼마나 합당한 삶으로 살았는지
그분을 처음 만났을 때 기쁨과 설렘은 어디로 가고
무디어진 일상들로 꽉 차 있다

가을이 저물고
내 인생도 저물어 가는데
귀를 세워 햇살을 받으며 익어가는 이야기를 듣지 못하고
내 귀는 자꾸 가시만 돋고 있다

여행자

여섯 번째 의사와 수술 날짜를 정하고 나니
점점 죽음이 다가오는 것을 느꼈다
축 처진 몸으로 병원문을 열고 나오니 젊은 남녀들
커피잔을 들고 큰소리로 웃으며 지나간다

나는 왜 저 사람들과 달라야 하지
여기까지 사는 게 하나님의 뜻인가
갑자기 감당 못할 눈물이 흘러내려 걸음을 멈췄다
길바닥에 내동댕이쳐진 느낌

시간의 톱니바퀴가 멈춰버려
한 발자국만 나가면 죽음이 나를 삼킬 것만 같고
정신을 차리고 냉정하게 그분의 뜻이
무엇인지를 애써 찾는다

우리의 연수가 칠십이요 강건하면 팔십이라도
그 연수의 자랑은 수고와 슬픔뿐이라고
한번 죽는 것은 사람에게 정해진 것이요
그 후에는 심판이 있다고 하셨다

양무리에서 쫓겨나 길을 잃고
여행자처럼 정해진 시간 속에 머물다가
그날이 오면 모든 짐을 내려놓고
주님이 계시는 본향으로 돌아갈 것이다

고통 너머에

옆 침대 젊은 사내가 통증에 몸부림을 치며 소리를 지른다
눈물을 글썽이며 바라보는 가족들
부인이 간호사에게 달려가 보지만 돌아오는 말은
진통제를 놓았지만 수술 부위가 워낙 커서 참아야 한단다

남편의 손을 꼭 잡고 온 가족이 눈물 흘리며 기도한다
안 아프고 고통 없이 산다면 얼마나 행복할까
한순간도 내가 할 수 있는 것이 하나도 없다는 것을
심한 어려움과 고통이 왔을 때 알게 된다

그 순간이 지나가면 또다시
내 생각이 전부인 것처럼 살고 있지 않는가
아담은 어리석은 생각으로 에덴동산에서 쫓겨났고
후손들은 시기와 질투로 끝내는 살인까지 했지 않는가

이스라엘 민족 사백삼십 년 애굽에서 종살이하고
하나님의 은혜로 모세를 통하여 가나안땅으로
가는 동안 무수한 불만과 불평이 있었으나
그분의 은혜 없이는 홍해를 가르는 출애굽의 역사는
없었을 것이다

하나님은 고난을 통해 죽음 이후
영원한 나라가 있음을 가르쳐주고 있다
인간이 더 이상 아무것도 할 수 없다는 것을 느낀 순간
이 세상의 주인은 오직 한 분인 것을

무섭게만 보이던 아픔이
조금씩 저들을 설득하고 있다
고통 너머에 기다리고 있을
가나안 땅의 놀라운 축복을

퇴원하는 날

언제나 밤새 잠을 설친 채 새벽부터 분주하다
주변 커튼은 모두 입을 다문 채
나는 언제 퇴원을 할 수 있냐고 묻고 있다

갑자기 머쓱해진 난
숨을 죽이며 조심스럽게
서류와 짐을 챙겼다

옆 침대에 있던 환우가 항암 주사를 맞아
혀가 갈라 터지고 식사를 전혀 하지 못해
밤새도록 힘들어했다

내가 퇴원하는 것을 알았는지
갑자기 커튼을 열더니 핏기 없는 차가운 손으로
내 손을 꼭 잡으며 말을 건넨다

한평생 전국을 다니며 나무와 꽃을 가꾸는 정원사였는데
요즘 창밖을 보니 땅과 나무에서
풀과 꽃들이 올라오는 것을 보고
자기도 퇴원을 하면 예전보다 더 잘 가꿀 수 있다고

난 두 손으로 그의 손을 잡고 말을 했다
하나님의 형상대로 흙으로 사람을 만드신 그분만큼
우리의 생각과 몸을 잘 아시는 분이 있겠냐고

그분을 믿고 병 낫기를 간구하면
분명히 치료해 주시지 않겠냐고 했다
고개를 끄덕이던 간절한 눈에서 눈물이 흘러내렸다

창문으로 눈부시게 햇빛이 쏟아졌다

세례의 고백

세례를 받고 감사가 넘쳐
뜨거웠던 순간을 고백한다

문답을 끝내고 주일날 모든 성도들이 보는 앞에서
목사님으로부터 세례를 받고
나의 죄가 그의 죽으심과 함께 장사되었나니
아버지의 영광으로 죽은 자 가운데서 살리심이었다

죄의 몸이 옛 십자가에 못 박혀 죽었으니
다시는 죄에 종 노릇하지 아니하리라
죽은 자가 죄에서 벗어나 의롭다 함을 얻었음이다
성령이 말할 수 없는 탄식으로 나를 위하여
친히 간구하는 것을

그가 죽음은 단번에 죽으심이요
그가 살아계심은 하나님 아버지께 대하여 살아계심이라

내가 그리스도와 함께 십자가에 못 박혔나니
그런즉 이제는 내가 사는 것이 아니요
오직 내 안에 그리스도께서 사시는 것이라
사도 바울이 고백한 것처럼

첫 세례를 받던 날
온몸에 뜨거운 전율이 왔다
첫 만남 첫 기쁨
첫 감사 첫 구원

이 모든 것을 이제야 알게 하신
내 인생에 최고의 선물인 것을

해설

류근홍 영성 시집 『무지렁이 기도』 서평
인간의 인식을 뛰어넘는 절대자의 존재

마경덕 (시인)

 그리스 시대부터 철학의 핵심 과제였던 '존재'의 의미를 밝히는 것은 궁극의 목표였다. 플라톤과 아리스토텔레스 이후 철학자들은 '존재' 자체를 문제 삼지 않았는데 '존재'란 눈에 보이는 자명한 것이어서 논의할 필요가 없다고 믿었다. 그렇다면 '보이지 않는 존재'는 어떻게 규명할까.
 최근에 미국 항공우주국, 나사(NASA)는 한화 13조를 들여 개발한 '제임스 웹' 우주망원경을 지구 150만 ㎞ 밖 우주로 쏘아 올렸다. 137억 년 전 암흑에서 탄생한 최초의 우주를 관측할 강력한 타임머신으로 우주의 서사시를 볼 수 있게 되었다. 원격 조정으로 고해상도의 사진을 찍어 지구로 전송하는 이 놀라운 시대에 우리는 살고 있다.
 그럼에도 접근조차 못한 문제가 있다. '인간은 어디서 와서 어디로 가는 것인가?' 우리는 이런 본질에 대한 질문과 수시로 마주친다. 수천 년 동안 철학을 동원한 수행자들이 인간의 근본 원리와 삶의 본질을 연구했지만 아직도 이 질문에서 벗어나지 못했다. 이것이 인간의 한계이기 때문이다.

종교는 인간의 인식을 뛰어넘는 곳에 있는 절대자의 존재로부터 출발한다. 의심하고 또 의심해서 너는 의심할 수 없는 그 마지막 지점에 부정할 수 없는 생명의 진리가 있다. 기독교는 체험의 종교이다. 날마다 보이지 않는 하나님을 만나고 그 말씀에 순종하는 것은 오직 믿음으로만 가능한 일이다.

이 세상에 저절로 되는 것은 아무것도 없듯이 그 무엇도 주인이 없는 것은 없다. 정해진 시간에 해가 뜨고 계절에 맞춰 각각의 바람이 불고 쉼 없이 파도가 몰려오는 것, 이 모든 것을 운행하시는 세상 만물을 창조하신 하나님이라는 존재가 있다.

아득한 하늘에서 떨어지는 빗줄기들, 왜 샤워 꼭지에서 빠져나온 물줄기처럼 빗줄기가 가지런한가. 빗물을 가늘게 쪼개서 '일정한 간격'으로 내리게 하는 일도 '인간을 위한 사랑'이다. 물폭탄처럼 뭉쳐서 내린다면 가속이 붙은 그 무게에 살아남을 자는 하나도 없다. 기세등등 밀려오는 파도마저 '모래톱'에서 진격을 멈춘다. 하나님은 '모래톱 띠'를 둘러 펄펄 뛰는 바다를 그 경계선 안에 가두셨다. 이처럼 '당연하지 않은' 일들을 우리는 '당연하게 여기며' 살아가고 있지 않은가.

이 모든 것은 '우연'이 아니다. "제비는 사람이 뽑으나 모든 일을 작정하기는 여호와께 있느니라"에서 알 수 있듯이 하나님의 계획에 우연은 없다. 그분의 손에 지음 받은 우리는 자녀이고 그분은 우리의 유일한 아버지이기에 삶과 죽음의 주권도 당연히 그분의 것이다.

류근홍 시인의 영성 시집을 논하는 것은 어쩌면 '기도 처소'의 장막을 열고 엿듣는 일이어서 조심스럽다. 이 세상 너머, 하늘로 이어진 '기도의 길'을 인간의 입으로 어찌 다 말할 수 있을까. 하지만 한 가지는 분명하다. 고통으로 얼룩진 피눈물이 금향로에 담겨 하나님께 올려진 향기로운 기도라는 것을. 네 개의 암과 싸워야 했고 여섯 번의 암 수술을 한 시인의 심정은 어떠했을까. 씨를 뿌리는 것은 인간이 할 수 있지만 그 씨를 키우는 것은 신의 능력이듯이 세상엔 육안으로는 '보이지 않는 힘'이 존재한다. 세상을 창조한 신에게 '생사의 권한'이 달려있다.

"너의 행사를 여호와께 맡겨라 그리하면 네가 경영하는 것이 이루어지리라"고 하셨다. 당신의 존재를 인정하고 찬양할 때 두려운 암마저 물러선 것이다. 이처럼 계명을 지키는 자에게 반드시 축복이 따른다.

계속 전이되는 암
그 기세에 눌려
죽음의 끝자락을 만졌던 고통의 시간들

병실에 누워 사람과의 관계를 생각했다

태어나서 지금까지
진심을 나눈 사람이 몇이나 될까
대부분 육적인 관계
영적인 교감을 나눈 사람은 몇 없다

인생을 헛살아 온 자책에 빠져있는데,
어느 교회에서 왔을까 복도에서 찬송이 울려 퍼진다

나 같은 죄인 살리신……
나를 향한 노랫소리에 눈물이 흐른다

네 가지 암, 여섯 번의 수술
하나님은 내면의 깊은 상처까지 아물게 하셨다

그분께 남은 시간을 바친다
오늘이 마지막인 것처럼
사람보다 당신을 바라보며 살겠다고

― 「관계」 전문

플라톤은 철학을 '죽는 연습'으로 규정했다. '한계로의 또는 한계에서의 사유 실험'이 철학의 힘이라면 기독교의 힘도 '생의 절벽'에서 발휘된다. 누구에게나 필

연적으로 오는 마지막 지점에서 우리는 부질없는 것들이 무엇인지를 깨닫게 된다.

류근홍 시인은 전이되는 '암의 기세'에 눌려 죽음에 가까이 다가선다. 타인과의 관계에서 발생한 내면의 갈등은 인생을 헛살아 온 자책이 되기도 한다. 시인은 오늘이 마지막인 것처럼 또 다른 세계를 바라볼 때 하나의 공간에 갇힌 관계에서 분리되며 신과의 끈끈한 관계가 형성되고 있다.

신이 창조한 인체는 지극히 정교하고 오묘하다. 사람을 만든다고 가정(假定)하고 그 비용을 예측해 보니 어마어마한 거액이었다고 한다. 이토록 귀한 생명체는 시간과의 관계 속에서 죽음을 안고 살아간다. 하이데거는 자신의 죽음을 민감하게 의식하는 것을 죽음에 대한 '선구적 각오성'이라고 불렀다. 죽음은 피할 수 없는 것이라는 결말에 직면할 때 자신의 삶을 다시 재구성하려는 시도가 시작되고 죽음의 자각을 통해서 새로운 삶의 방식을 모색하고 새로운 가능성으로 자신을 송두리째 던져 넣어 최초로 존재와 자유의 진정한 의미를 획득하게 된다는 것이다.

자신의 의지와 상관없이 질병으로 인한 죽음과 마주쳤을 때 시인은 가혹한 시련을 주신 하나님을 원망하지 않고 의지한다. 굳건한 믿음으로 고난을 이겨낸 성도의 자세임을 알 수가 있다. 사도 바울은 "우리가 사방으로 욱여쌈을 당하여도 싸이지 아니하며"(고

후 4:8)라고 말했다. 모든 일에 있어 환난을 당해도 이길 수 있다는 말이다.

  기독교는 하나님의 말씀을 기준으로 구원의 길을 안내하고 인간의 참된 생활 방식을 알려준다. 성경 말씀은 창조주인 하나님이 인류에게 주는 훈언(訓言)이고, 권능을 지닌 명령이다. 논리적으로 설명되지 않는 것들로 세상은 움직인다. 영국 옥스퍼드 대학 출신인 감리교 창시자 존 웨슬리도 지성적으로나 논리적으로 세련된 설교를 할 때는 영혼 구원에 실패했지만 비논리적이더라도 하나님을 전적으로 의지하고 설교했을 때 많은 영혼이 구원받는 역사가 일어났다고 한다.

  암 수술 후
  남은 시간 주님께 모두 드리기로 했다
  옛 모습을 다 버리고

  주변 사람들에게 하루를 어떻게 보내느냐고 물었더니

  한결같이 특별한 일이 없으면
  하루가 그날이 그날이라는 것이다
  그렇게 무의미한 하루가
  너무 안타까워 화가 나는 것은 왜일까

  죽음이 어떤 것인지를 알고 난 후

하루하루
매 순간 마지막이라는 생각에
순간을 사랑하며 베풀고 양보하며 살고 있는 것 같았는데

나도 모르게 매사에 급하고
작은 것에도 참지 못하는 버릇이 생겼다

몇 번씩이나 살려주신 은혜를 자꾸만 잊어버리고
주님을 위해 살겠다는 가면을 쓰고
아직도 다 비우지 못하고

종이 아닌 왕 노릇을 하고 있다
          － 「종이 아닌 왕 노릇」 전문

  탈레스가 물질적으로 풍요한 삶보다는 세계의 근원을 탐색하려는 관심에 우선적인 가치를 두었듯이 시인의 가치관은 규정된 '세상의 방향'과 시선이 다르다. 합리적이지 못한 고정된 사회의 의식을 환기시키는 종교의 기능은 우리가 잊고 사는 중요한 가치를 찾아내는 일이다. 이처럼 「종이 아닌 왕 노릇」에서는 현실을 직시하는 날카로운 시선을 볼 수 있다.
  한결같이 하루가 그날이 그날이라는 안일함에 빠진 주변 사람들, 그렇게 무의미한 하루가 너무 안타까워 화가 난다고 한다. 죽음의 문턱까지 다다른 시인에

게 시간은 얼마나 소중했을까. 그 귀한 시간을 헛되게 쓰지 말자고 매 순간 베풀고 양보하며 살고 있는 것 같았는데 몇 번씩이나 살려주신 은혜를 저버리고 작은 것에도 참지 못한 버릇을 고백한다. 종처럼 섬기겠다고 했는데 주님을 위한다는 가면을 쓰고 왕 노릇을 하는 자신을 발견한다. 문득 깨닫게 된 위선적인 자신의 모습은 갈등의 요인으로 작용한다. 그것에 대처할 방법을 갖추지 못한 징후들이 불안하게 깔려 있다. 사소한 개인의 일상에서 삶의 의미를 찾아내는 류근홍 시인은 타인과의 관계를 통해 자신의 안일한 의식을 환기시키며 개선의 여지(餘地)를 보여준다. '신에 대한 경외감'은 '기도'로 나타난다.

눈을 뜨는 순간
아침이 머리맡에 와 있다

또 하루를 선물로 주신 그분
누군가 그토록 만나고 싶어한 간절한 오늘을
내게 허락하셨다

24시간을 어떻게 쪼개나
나만의 시간으로 쓴다면 하나님이 서운하실 것이다

기도로 아침 인사를 하늘로 올려 보내고

당신에게 또 무엇을 드릴까를 생각한다

이 땅의 삶이 영원할 것 같으나
지나고 보면
이름 없는 무덤에 핀 꽃과 같은 것인데

세상의 거짓들은
겉으로는 잠잠하나 그 속은 시끄럽다

믿음을 지키는 것은
진흙탕에서 시들지 않는 꽃을 피우는 일

오늘도 하나님의 뜻에 따라
십자가를 짊어진다
내 가슴에 돌멩이가 던져지는 순간
고통의 물결이 일렁일지라도

진흙탕을 헤집고
꿈틀거리며 올라오는 연꽃이 눈부시다

— 「믿음」 전문

    류근홍 시인은 '절대적인 신의 존재'를 작품 속으로 끌어들여 세상의 만물을 이루는 창조의 근원에 집중한다. 눈을 뜨는 순간 머리맡에 와 있는 '아침'과 만나고 또 하루를 선물로 주신 그분께 '기도'로 아침 인사를 하늘로 올려보낸다. 이처럼 시공간을 뛰어넘어 사라진 것들을 현재로 불러오거나 기억을 이동시켜 제한된 인식을 뛰어넘는다. 보이지는 않지만 실재하는 것이 무엇인지 자신을 둘러싼 현실과 가상의 세계에서 찾아내는 '믿음에 대한 정답'이 있다.

"이 땅의 삶이 영원할 것 같으나/지나고 보면/이름 없는 무덤에 핀 꽃과 같은 것인데"에서 짐작하듯 결국 우리의 인생은 한철 피고 지는 꽃에 불과하다. 시인은 보편적 가치를 지닌 인식 너머의 세상을 들여다보며 일상의 흔한 소재들을 유기적으로 결합한다. 이때 신에 대한 믿음은 작품으로 재구성되고 생명력을 갖게 된다. 믿음을 가진 자들은 진흙탕 같은 세상에서도 순결하고 '눈부신 연꽃'으로 부활하는 것이다.

벽 쪽에 걸려 있는 TV
소리 없는 몸짓만 요란하고
여러 개 링거 줄을 달고 긴 의자에 사람들이 앉아 있다

어떤 이는 고개를 뒤로 꺾어 입을 벌리며 잠을 자고
어떤 이는 창밖을 하염없이 내다보고
또 어떤 이는 멍하니 TV를 본다

휴게실 탁상에는 말라버린 장미꽃이

꽃병에 꽂혀 있다

복도 건너편엔 간호사와 의사들이 분주하게 오간다

모두가 말없이 표정도 없이
마치 인공지능 로봇처럼
아픈 생각
아픈 기억
아픈 상처가 일상인 세상

천국에서 이곳을 바라보며 느끼는
침묵과 공허
슬픔과 고통
안타까운 십자가 눈빛

이 세상 어느 곳도 아프지 않은 곳이 없다
― 「마른 장미꽃이 꽂힌 풍경」 전문

   정지된 풍경이 마치 '정물화' 같다. 누군가 꽂아둔 장미꽃은 어느새 말라버렸다. 마리오네트처럼 링거 줄에 매달린 사람들은 잠을 자거나 멍하니 소리 없는 TV를 바라본다. 이곳엔 아픈 생각, 아픈 기억, 아픈 상처가 일상인 세상이다. 복도 건너편 간호사와 의사들이 분주하게 오갈 뿐, 마른 장미꽃처럼 물기가 빠져나가고 생의 의욕마저 상실한 환자들의 우울함이 병실을 무겁게 짓누르고 있다. 마음까지 점령한 육신의 상처에 병은 더 깊어진다. 수시로 스쳐가는 병실 바깥의 풍경은 아득하다. 안에서 바라보는 밖은 지상에서 가장 먼 거리일 수도 있다.

현실의 풍경은 냉정하다. 시인의 시선은 이곳에만 머물지 않는다. 이곳에 갇힌 침묵과 공허, 슬픔과 고통을 바라보는 주님을 생각한다. 병실의 풍경은 세상 밖으로 확장되고 이 세상 어느 곳도 아프지 않은 곳이 없다. 이런 과정을 거쳐 죽을 만큼 힘든 아픔도 삶의 일부에 지나지 않는다는 것을 인지하게 된다.

「마른 장미꽃이 꽂힌 풍경」은 어느 순간 포착한 그 감정에 깊이 빠져든 작품일 것이다. 시인은 불안한 현실이 거처하는 병실에서 내일조차 알지 못하는 인간의 나약함과 뒤편에 도사린 실재의 불연속성을 확인한다. 시공을 초월한 곳에 생사를 주관하는 절대자의 존재가 있다. 「마른 장미꽃이 꽂힌 풍경」은 전지전능한 지배자의 절대적인 위력 앞에 피지배자는 한 발도 벗어날 수 없음을 보여준다. 쓸쓸함과 고요함으로 불안한 인간의 심리적 파장까지 표출해낸 빼어난 수작(秀作)이다.

이웃이 아파할 때
내 일처럼 울며 기도하는 사람

좋은 일에도
내 일처럼 기뻐 울리라

주님 뜻대로 살기 위해
수시로 울며
날마다 말씀 앞에 무릎을 꿇고

십자가 고통을 생각하며
힘든 일도 이겨내리라

어떻게 해야
범사에 감사하는 사람이 될 수 있을까

아무리 흉내를 내어보지만
등에 진 십자가 무겁다고 투덜거린다
두 눈에는 눈물이 고여 있는데
- 「눈물 많은 사람이 되고 싶다」 전문

"범사에 감사하라. 이것이 그리스도 예수 안에서 너희를 향하신 하나님의 뜻이니라." 이렇듯 당연한 것조차 적극적으로 표현하는 것이 '주님의 뜻'임을 알 수가 있다. 지나간 일이나 현재의 일, 또는 아직 받지 않은 미래의 것까지 미리 감사하며 기도하는 것은 수준이 높은 '믿음의 행동'이라고 한다. 감사가 전혀 나오지 않는 힘든 상황에서도 감사를 잊지 않는 시인은 십자가 고통을 생각하며 감사의 뜻을 헤아리지만 등에 진 '십자가'는 무겁기만 하다. 깊고 어두운 터널에 갇혀서도 이웃의 아픔에 동참한 시인은 울며 기도한다.

"네 이웃을 사랑하라"는 말씀대로 이웃의 아픔을 함께 나누는 사람은 주님의 뜻에 합당한 사람이다. 감정에 반응하는 눈물에 그 사람의 마음이 담겨있다. 타인의 아픔을 돌아보는 눈물은 '회개'와 이어진다. 하나님은 '바리새인'과 '세리'가 성전에서 기도할 때 스스로 의롭다 여기고 자기를 자랑하는 '바리새인'의 기도는 받지 않으셨다. 반면 자기를 불쌍히 여겨달라고 회개하는 '세리'의 기도는 받으셨다. 회개 기도는 무엇보다도 하나님과의 관계를 회복하기 위한 것이다.

"여호와는 말의 힘이 세다 하여 기뻐하지 아니하시며 사람의 다리가 억세다 하여 기뻐하지 아니하시고 자기를 경외하는 자들과 그의 인자하심을 바라는 자들을 기뻐하신다"라고 하셨다(시 147:10-11). 인간의 눈으로 볼 때 초라하고 볼품없어도 마음이 어질고 자애로운 하나님을 바라보며 온전히 의지할 때 기뻐하신다.

필자 역시 초신자일 때 눈물은 큰 힘이 되어주었다. 사람에게 하지 못한 속마음을 주님께 터놓았다. 지금 생각하면 기도가 아닌 하소연이었다. 길을 가면서도 버스를 타고 가면서도 소리 없이 간절히 울었다. 아이처럼 떼를 쓰고 매달리면 응답하시고 길을 열어주셨다.

사소한 것도 귀찮을 정도로 일일이 묻고, 주신 말씀을 믿고 의지할 때 하나님은 내 귀를 열어 음성을 들려주셨다. 우리의 심중을 관찰하시고 언제나 구하는 자에게 넉넉히 주시는 것을 매번 체험하게 하셨다.

    당신의 목숨과 바꾸었네
    대물림한 죄로 죽을 수밖에 없는 죄인을

    하늘의 별과 달아
    땅의 산과 숲들아
    그 가운데 모든 사람들아
    모두 일어나 손뼉 치며 노래를 하자

    모태 전부터 나를 지으신 자
    나를 택하신 그 은혜를 찬양하자

    아빠 아버지로 부를 수 있는 자
    눈가에 촉촉이 머뭇거리는 눈물

    당신을 향한 사무치는 마음
    사람의 말로 어찌 다 할 수 있을까

    자녀로 삼아주신 크신 사랑을
    나 쉬지 않고 전하려네

내 생애 이처럼 아름다운 날
하늘 끝까지 들리도록
어찌 찬양하지 않겠는가

  　　　　　　－「어찌 찬양하지 않으랴」 전문

　시인은 평면에 입체적 공간을 만들어 사람과 신의 상호관계를 살피며 세상과 교감할 수 있는 공감의 지점을 찾아낸다. 그곳에 피를 흘린 '십자가'가 서 있다. '십자가'는 대물림된 우리의 죄를 대속하고 사망을 끊어낸 '구원의 상징'이다. 창조주의 아름답고 훌륭함을 크게 드러내는 찬양은 '곡조가 있는 기도'이다. 구원의 은혜를 감사하지 않고는 견딜 수 없는 「어찌 찬양하지 않으랴」는 천국의 자녀로 택해주신 기쁨을 한껏 고무(鼓舞)하고 있다. 죄 많은 인간을 살리려고 희생제물이 되신 십자가 사건으로 인간은 죄의 사슬을 끊고 사망에서 벗어나 영생을 얻게 되었다.

　예수님은 "내가 곧 길이요 진리요 생명이니 나로 말미암지 않고는 아버지께로 올 자가 없느니라"(요 14:6)고 하셨다. 오직 예수 그리스도라는 통로를 통해 하나님과 연결되는 놀라운 '특권'을 얻는다. 사람의 힘과 노력으로 아버지께로 결코 갈 수 없지만 예수를 통해 누구나 하나님의 자녀가 되어 천국의 호적을 갖는 것이다. 이것이 바로 놀라운 '천국의 비밀'이다. 이 '비밀'을 아는 자는 지혜로운 자이니 어찌 기뻐하지 않으랴. 믿는 자는 항상 깨어있어야 한다. 다시 오실 주님을 맞으려고 기름을 준비한 처녀는 얼마나 될까.

이 시대는 둔감해서 마지막 '징조와 기적'을 보면서도 불신으로 가득 차 있다. 구원의 소식을 전해도 받지 않고 뿌리치며 가버린다. "생명으로 인도하는 문은 좁고 길이 협착하여 찾는 이가 적음이라"(마 7:14) 하신 주님의 말씀이 떠오른다.

옆 침대 젊은 사내가 통증에 몸부림을 치며 소리를 지른다
눈물을 글썽이며 바라보는 가족들
부인이 간호사에게 달려가 보지만 돌아오는 말은
진통제를 놓았지만 수술 부위가 워낙 커서 참아야 한단다

남편의 손을 꼭 잡고 온 가족이 눈물 흘리며 기도한다
안 아프고 고통 없이 산다면 얼마나 행복할까
한순간도 내가 할 수 있는 것이 하나도 없다는 것을
심한 어려움과 고통이 왔을 때 알게 된다

그 순간이 지나가면 또다시
내 생각이 전부인 것처럼 살고 있지 않은가
아담은 어리석은 생각으로 에덴동산에서 쫓겨났고
후손들은 시기와 질투로 끝내는 살인까지 했지 않은가

이스라엘 민족 사백삼십 년 애굽에서 종살이하고

하나님의 은혜로 모세를 통하여 가나안땅으로
가는 동안 무수한 불만과 불평이 있었으나
그분의 은혜 없이는 홍해를 가르는 출애굽의 역사는 없었을 것이다

하나님은 고난을 통해 죽음 이후
영원한 나라가 있음을 가르쳐주고 있다
인간이 더 이상 아무것도 할 수 없다는 것을 느낀 순간
이 세상의 주인은 오직 한 분인 것을

무섭게만 보이던 아픔이
조금씩 저들을 설득하고 있다
고통 너머에 기다리고 있을
가나안 땅의 놀라운 축복을

― 「고통 너머에」 전문

    인간이기에 고통을 느끼고 몸부림친다. 격렬한 통증에 '진통제'도 소용없다. 남편의 손을 꼭 잡고 온 가족이 눈물 흘리며 기도한다. 할 수 있는 일은 이것뿐이다. 어쩌면 미리 대기한 죽음이 머리맡에서 지켜보고 있을지도 모른다.
    인간은 죽음이 주는 미지의 공포에서 벗어나기 위해 종교는 사후를 약속하고 의과학은 건강 증진을 위해 연구를 계속했다. 그렇게 발전을 거듭해 왔지만 결국

우리에게 남은 진실은 '죽는다'는 사실이다.

소설 《칼의 노래》에서 이순신 장군이 느끼는 '적의 기척'에 대해 살펴보자.

"멀어서 보이지 않는 적의 기척이 내 몸에 느껴지는 날들이 있었다. 적들이 수런거리는 기척은 새벽의 식은땀이나 오한처럼 내 몸속에서 살아 있는 징후였다. 우수영에서는 보이지 않는 적들이 더욱 확실했다."

'기척'이 아닌 멀리 떨어진 '적의 기척'을 확신하는 예감에도 식은땀이 난다. 죽음이 얼마나 두려운 것인지 여실히 보여주는 대목이다.

필자도 힘든 일을 만날 때마다 십자가에 달리신 예수님을 떠올렸다. 생살이 찢어지는 고통에 비하면 이쯤은 아무것도 아니라고 위로했다. 그렇게 무사히 그 위기를 건널 수 있었다. 옆 침대의 사내는 아픔에게 설득을 당했을까. 고통 너머에 있는 '가나안 땅의 축복'을 보았을까. 죽음 앞에서 나약한 인간은 무엇을 할 수 있을까.

농부가 뿌린 씨앗
땅속에서 허물을 벗고 콩잎이 올라왔다

낯선 세상,
찬바람은 여린 속살까지 파고들고
뜨거운 볕에 목이 타고
밤엔 차가운 이슬에 떨었다

흙탕물이 덤벼들자
주저 없이 삽으로 물꼬를 트고
바람에 휘청거리는 몸
지지대로 묶어주고

벌레들이 달려들어 살점을 뜯어먹자
얼룩진 자국을 따라 약을 뿌렸다

가을이 오자
줄기엔 콩꼬투리가 주렁주렁 매달렸다

믿음 없이는
아무것도 맺을 수 없다는 것을
아는지 모르는지
콩은 그렇게 여물고 있다

― 「신앙」 전문

　예수님은 고향인 '나사렛'에서는 아무 권능도 행하실 수 없어 다만 소수의 병자에게 안수하여 고치실 뿐이었고, '나사렛' 마을 사람들은 "마리아의 아들 목수가 아니냐"며 예수를 배척하였다. 믿지 않는 사람에게는 하나님의 기적이 임할 수 없다. 오직 믿음으로만 기적은 일어난다. 맹인, 앉은뱅이, 중풍환자, 귀신들린 자, 혈루병 여인도 믿음으로 완치되고 죽은 야이로의 딸도 죽음에서 일어섰다. 예수님은 이미 썩어 냄새가 나는 나사로를 무덤에서 불러내어 소생시킴으로써 죽은 자도 능히 살리시는 하나님의 능력과 믿는 자의 부활을 증명하셨다.

콩 한 포기도 이렇듯 돌봐주는 손이 필요하다. 하물며 인간이 다 자라기까지는 얼마나 많은 도움이 필요할까. 신앙도 그렇게 누군가의 도움으로 자라난다. 믿고 의지할 때 키가 쑥쑥 자란다.

김현 평론가는 문학을 "고통스럽게 행복을 생각하는 것"이라고 했다. 너무 쉽게 만난 행복이나 횡재 뒤엔 고통이 따르기도 한다. 예수를 믿는 것도 고통스럽게 행복을 생각하는 것은 아닐까. 성도는 훗날 보장될 큰 축복이 있기에 현재의 고통도 견디며 기쁘게 살아간다.

류근홍 시인의 영성 시집 《무지렁이 기도》는 과거의 시간은 밑거름이 되고 기도는 세상을 건너는 거친 물살에 '징검돌'이 되어준다. 내 안에 고인 쓰디쓴 상처들, 버릴 수 없다면 함께 공존할 방법을 찾아야 한다. 그 비책이 곧 '믿음'인 것이다. 시인이 하나님을 만나지 못했다면 그 숱한 파랑(波浪)을 어찌 넘을 수 있었을까. "네 마음을 다하고 목숨을 다하고 뜻을 다하여 주 너의 하나님을 사랑하라"(마 22:37)고 하신 그 계명을 지키며 류근홍 시인은 날마다 믿음의 계단을 오른다. 저급한 욕망과 싸워서 이긴 사람은 강한 적을 물리친 사람보다 훨씬 위대하다고 한다. 자신의 저급한 욕망을 위해 시간을 쓰지 않고 남은 시간마저 주님께 드리는 시집 한 권의 '진솔한 고백'은 각박하고 메마른 세상을 구하는 '귀한 복음'이 되고 있다.

무지렁이 기도

1판 1쇄 인쇄 _ 2025년 1월 17일
1판 1쇄 발행 _ 2025년 1월 25일

지은이 _ 류근홍
펴낸이 _ 이형규
펴낸곳 _ 쿰란출판사

주소 _ 서울특별시 종로구 이화장길 6
편집부 _ 745-1007, 745-1301~2, 747-1212, 743-1300
영업부 _ 747-1004, FAX 745-8490
본사평생전화번호 _ 0502-756-1004
홈페이지 _ http://www.qumran.co.kr
E-mail _ qrbooks@daum.net / qrbooks@gmail.com
한글인터넷주소 _ 쿰란, 쿰란출판사
페이스북 _ www.facebook.com/qumranpeople
인스타그램 _ www.instagram.com/qrbooks
등록 _ 제1-670호(1988.2.27)
책임교열 _ 김유미 · 최은샘

ⓒ 류근홍 2025 ISBN 979-11-94464-23-5 03230

책값은 뒤표지에 있습니다.
이 출판물은 저작권법에 의해 보호를 받는 저작물이므로 무단 복제할 수 없습니다.
파본(破本)은 구입처에서 교환해 드립니다.